AF425164

El niño que quería ser libre por dentro y otros cuentos

Magaly Wecksler Albo

© Copyright 2002

2ª Edición
ISBN: 9798839484436

Todos los derechos reservados. No se puede reproducir ninguna parte de este libro de ninguna forma ni por ningún medio electrónico o mecánico, sin el permiso por escrito del propietario del Copyright.

Diseño y Diagramación Marisela Hernández
Portada Hector Marrero Serpa
Impresión **AutoresEditores.com**

Dedicatoria

Este libro está dedicado a todos aquellos que conocieron a Magaly.

Aquellos que la amaron, la apoyaron, la admiraron, familiares y amigos, médicos, que la cuidaron, la acompañaron amorosamente en su vida, en su proceso de enfermedad y partida.

Aquellos a quien ella amó, enseñó, cuidó, motivó.

A todos los que conocimos y a los que no conocimos, les dedicamos este libro con profundo agradecimiento, amor y respeto.

Sus padres,

Magda Albo y Jean Wecksler

Nota Introductoria

El "eslabón perdido" de la Educación

Me propongo en estos cuentos llevar a los niños y adolescentes referencias de un mundo que parece haber olvidado la educación tradicional, y al que quiero referirme en este breve prólogo.

Hay algo que falta en la educación que nuestros niños están recibiendo en las aulas y en los hogares (y en la que recibimos en su momento nosotros), y eso que falta es decisivo:

Con la mejor intención, en los mejores colegios se busca vincular lo aprendido en los salones de clase con vivencias prácticas, como cuando se enseña al niño a sumar y luego se le lleva a hacer una compra al mercado donde debe aplicar lo aprendido calculando una cuenta real. Pero incluso el buscar esa vinculación es excepcional en los colegios tradicionales, en los que lo común es pasar de tema en tema en forma abstracta. Es por eso que muchas de las cosas "aprendidas" se "pegan" por un tiempo — sólo por un tiempo— a la mente como etiquetas que poco a poco van perdiendo el pegamento...

Pero hablemos de los buenos colegios comunes, en los que se busca establecer los dos vínculos mencionados: uno entre la mente del niño y los asuntos estudiados, el otro entre lo estudiado y su aplicación práctica. Pero hay un "eslabón" que falta, que siempre ha quedado y queda pendiente, y es un vínculo muy importante: el del niño con su propio mundo interno: No es lo mismo que pongamos a un niño a hacer "ejercicios de atención" o "de pensar" al margen de la conciencia de ese niño —es decir, para que el niño haga esos ejercicios sin darse cuenta de que están requiriendo su atención sostenida o el uso de su facultad de pensar—, que enseñar al niño a distinguir cuando está atento, cuando distraído, cuando piensa o no piensa, cuando interviene él o se deja llevar por movimientos mentales autónomos de su voluntad y de su inteligencia, y a hacer esfuerzos voluntarios por retener su atención, hacer intentos pensantes voluntariamente, teniendo como objetivo llegar a ser alguien menos limitado para desenvolverse en la vida, reconociendo él mismo durante el aprendizaje que la desatención y el no poder pensar, por ejemplo, son limitaciones para él como ser humano.

Ha surgido en nuestra Latinoamérica una nueva pedagogía que sí atiende el eslabón que sentimos que tanto falta en la educación común (aún en la mejor enfocada). Se trata de la Pedagogía Logosófica. Pienso que en ella se encuentra la esperanza de la humanidad, porque un ser humano así educado, que distinga lo que pasa en su escenario mental y pueda seleccionar lo que contribuye a su propia superación y a la de sus semejantes (el bien), nunca cometería los actos inhumanos de los que tenemos noticia a diario desde todos los rincones del mundo.

El niño que quería ser libre por dentro

I

Este relato cuenta una parte de la vida de Enrique, un muchachito de unos 12 años, que conozco desde hace algún tiempo.

Entre muchos otros niños que desean tantas cosas, Rique se distinguía porque lo que él quería era… ¡ser libre por dentro!

Y, ¿cómo llegó él a querer precisamente eso?

Bueno, te diré al paso que su familia le brindaba todas las comodidades, y él tenía sus requerimientos básicos cubiertos. Además, don Lisandro y doña Ana, sus padres, eran personas que le permitían hacer todo aquello que consideraban que no le haría mal, y no eran de esos que están siempre pegados a sus hijos vigilando todos sus movimientos. Tal vez, porque veían que no era frecuente que Enrique hiciera algo que pudiera dañarle. Por si fuera poco, le decían: "Rique; ¡tú eres libre de hacer lo que quieras!", animándolo a moverse.

Pero entonces, él comenzó a notar algunas cosas un poco "extrañas". Por ejemplo: nadie restringía el tiempo que podía utilizar el teléfono, pero muchas veces no podía decir en ese tiempo ilimitado lo que quería, y caía en un hablar vago o en pesados silencios. En ese momento, no se sentía libre; ¡más bien se sentía limitado! y lo estaba.

Un día, se dio cuenta de que tampoco era realmente libre de ir a donde él quisiera. Fue cuando José Antonio le invitó a su cumpleaños y, aunque nadie le impedía ir, no pudo vencer el temor de que estuvieran allí los "chicos malos" del salón con sus bromas tan pesadas y enseguida lo convirtieran en el blanco de las burlas de todos.

Y... ¿era realmente libre de aprender lo que quisiera? Pues se encontró con que ¡tampoco! ¿Cómo era posible? Pues él descubrió que cuando quería estar atento a las clases, a menudo no podía hacerlo. Sin querer, se encontraba de repente "en las nebulosas", y, cuando "aterrizaba" en clase, ya no entendía nada. Ni siquiera era libre de llevar a cabo su pasatiempo favorito: pintar. ¡Comenzaba dibujo tras dibujo, y no los terminaba!

—Te parecerá mentira todo esto que te cuento, pero es verdad, Al; —le dijo a su buen amigo Alfredo.

Pero Alfredo, a quien también le ocurrían estas cosas —aunque no solía detenerse en ellas, y mucho menos planteárselas a sus amigos—, no pudo decirle nada que le sirviera. Lo que sí le recomendó fue:

—Rique: ¿Por qué no vas a ver a tu abuelo, el que sabe tantas cosas?

Esta idea sí le gustó mucho a Enrique, quien esa misma tarde se fue a ver a su abuelo Danilo.

"

Don Danilo es un señor de mediana edad, nacido en el Uruguay, donde desde pequeño recibió una cuidadosa educación por parte de sus familiares y de los amigos de su familia. Él se ocupó de ir aprendiendo, además de lo que tiene relación con el mundo material, muchas cosas sobre su mundo interior y sobre la vida, de modo que el tipo de asunto que le presentó Rique no le extrañó para nada; más bien le gustó mucho que su nieto quisiera saber sobre sí mismo y no sólo sobre lo que aprendía en el colegio.

—Enrique, —le dijo— es importantísimo este momento de tu vida. Por fin vas viendo que no basta no tener impedimentos externos para hacer las cosas, sino que es todavía más importante llegar a ser libre por dentro.

—Pero... ¿libre de qué, abuelo?

—Te invito a observar muy bien qué es lo que en realidad te pasa cuando te sientes limitado a pesar de que otros te otorguen libertad para moverte.

En forma natural, Rique se propuso poner en prácticala

sugerencia de su abuelo, y se puso a ver, hasta donde podía, qué ocurría en él en esas ocasiones queya relatamos.

***

La primera ocasión que se le presentó fue en el colegio:

Estaba en clase de matemática, y estaba poniendo atención a las operaciones que explicaba su profesora, cuando de repente escuchó otra vez la voz de Al diciéndole: "¡Rique, estás de nuevo en las nebulosas!", y…claro, tuvo que hacer un "aterrizaje forzoso" de nuevo en la clase, pero ya no entendía nada. ¡Se había perdido media hora, y ya la profesora estaba pidiendo resolver ejercicios sobre lo que acababa de explicar!

—¿Qué es lo que en verdad me pasó?—, se dijo cuando ya estaba en su casa esa tarde.

—Intentaré recordar. Y se encontró con que aquello que él llamaba "estar en las nebulosas", eran en realidad cosas bien concretas que habían venido a su mente en el momento menos oportuno: sin querer, había comenzado a recordar el paseo en bicicleta que habían hecho él y sus vecinos el fin de semana pasado, luego a imaginar a dónde iría con su familia el próximo fin de semana, luego recordó que tendría un examen de Lenguaje el jueves…

¡Qué contento se sintió! ¡En ese momento había descubierto qué eran esas "nebulosas" a donde su mente se iba muchas veces mientras estaba en clase!

Enseguida llamó a su abuelo, quien se alegró muchísimo del descubrimiento del muchacho.

—¡Qué bueno, Enrique! ¡Esas son las cosas interesantes de la vida!

—Pero, abuelo: esto lo descubrí luego, en casa.

—Sí; Otra cosa será darte cuenta en clase, en el momento en que te ocurra lo mismo. ¿Acaso no es en plena clase que se te va la atención sin que tú te des cuenta?

—¡Allí está el lío!, ¡No me doy cuenta!

—Entonces, ¡eso te da la pista de cuál es la solución!: tendrás que esforzarte en darte cuenta de cuándo tu atención se dispersa para volver a traerla al asunto que tú sí quieres atender en ese momento; por ejemplo, las explicaciones de tus profesores.

Así lo hizo Rique. Pero no le fue tan sencillo. Todavía muchas veces tenía que "aterrizar" cuando Al notaba que estaba de nuevo "en las nebulosas" y le daba una palmadita en el brazo. Pero no se daba por vencido y palmadita en el brazo. Pero no se daba por vencido y seguía intentando vencer.

—Es como luchar con un enemigo que está en mí mismo, Al.

—Interesante, —respondió su amigo.

Pronto notó que a Rique le pasaba cada vez menos eso de "irse a las nebulosas". ¡Ya casi no tenía que llamarle la atención en clase!

—¡Parece que estás venciendo a tu enemigo!, —le dijo con simpatía.
Rique sentía un júbilo por dentro que no se comparaba con ningún otro contento.

—Al: esto me pone más contento que jugar con mi juego favorito—, le expresó.

Por supuesto, Rique mantenía informado a su abuelo de todos los aciertos que estaba teniendo gracias a su orientación.

—Estás luchando contra una gran enemiga, Enrique.

Ella tiene su nombre propio: se llama Distracción. Ha sido hasta ahora un obstáculo para que tú pudieras aprender y centrarte en las actividades que tú escoges hacer voluntariamente. Por fin vas quedando libre de ella.

—¿Libre? ¡Eso es lo que yo quiero ser!

Para eso, Rique tendría que descubrir todavía a muchos otros enemigos, de esos que están por dentro y por eso a veces no son fáciles de pescar.

Se sentía estimulado a emprender esa tarea. Pronto se le presentó una buena oportunidad de hacerlo.

IV

Hacía tiempo que nadie invitaba a Rique a una fiesta, pues luego no aparecía; claro: le pasaba lo que te contamos al principio, ¿recuerdas? Pero, un día llegó una invitación para una reunión en casa de Teresita; ¡terror!, ¡horror!

—Tienes que descubrir cómo es el impedimento ahora, —le dijo Don Danilo.

—Lo que me pasa, abuelo, es que me da miedo que cuando yo llegue a la reunión, estén Pedro y Francisco me ataquen con sus bromas repesadas. En el colegio, muchas veces buscan hacerme quedar en ridículo frente a los demás; ¡No puedo soportarlo!.

—¡Allí está este enemigo, Enrique! Y me parece que no son Pedro y Francisco...

—¿Y entonces?...

—¿Qué tal si intentas ver cómo es tu propio temor?

"Con la Distracción, me está ayudando lo que me dijo el abuelo", se dijo Rique. "Voy a intentar ensayar también este consejo". Y se dispuso a aceptar la invitación de Tere, como para probarse a sí mismo.

Se acercaba el día de la fiesta, y empezó a aparecer en Rique el temor.

—Abuelo: se van a reír. —le dijo a Don Danilo al llamarlo una tarde.

—En tu imaginación, ya se están riendo, ¿no?

Fíjate: en tu mente se presentan, sin que tú las hayas invitado, imágenes que están al servicio de esos temores que tú tienes. Pero yo te aconsejo que nunca confundas esas imágenes con la realidad, que es con la que te tienes que encontrar para ver cómo son las cosas. Te sugiero que vayas a esa fiesta, sólo a ver qué pasa EN LA REALIDAD.

—No sé, abuelo, pero si llego a ir, yo te aviso.

Y durante los días que faltaban para la fiesta, Rique se dio cuenta de cómo aparecían en su mente esas imágenes desalentadoras de las que le había hablado Don Danilo.

"¿Cómo es este temor?" —se preguntó. Y se dio cuenta de que esa tarde habían desfilado por su mente todo tipo de imágenes que le presentaban lo que supuestamente ocurriría en la fiesta de un modo muy particular: Eran imágenes donde Pedro y Francisco lo tomaban como blanco de sus pesadísimas bromas;

¡Hasta le derramaban a propósito un refresco encima, para que los demás se rieran de él!

"Es verdad, —reflexionó— ¿por qué van a limitarme esas imágenes?" "Voy a ir a la reunión de Teresita, y ya veré qué es lo que pasa EN REALIDAD. Y si están Juancho y Pancho, veré lo que hago, pero no en mi imaginación, sino ALLÍ MISMO. Después de todo, ¿puede modificar mi vida lo que ellos me digan o me hagan? No; soy yo, quien la estoy cambiando, y veo que para bien".

...Teresita abrió la puerta, Rique pasó a la sala y... ¡no vio a sus desagradables compañeros! ¿Para qué había pasado esa semana de terror? Pedro y Francisco eran tan desagradables, que Tere ni pensó en invitarlos.

Sin embargo, nuestro amigo tuvo que luchar muucho, mucho, y descubrir muchas veces cuáles eran las imágenes que traía la imaginación a su mente al servicio del temor, para cada vez que las descubría ponerse a hacer algo útil en lugar de atenderlas, y tuvo que enfrentarse muchas veces a situaciones reales diferentes, para que sus temores perdieran algo de fuerza. Su conclusión fue que debe haber luchas que duran toda una vida, pero son luchas que seguro tienen mucho sentido.

—Ellas hacen interesante el vivir, como ya vas viendo, —le dijo Don Danilo.

"Cada vez que me veo descubriendo ese juego de las imágenes que me atemorizan o me desalientan y logro interrumpirlo conscientemente, me siento un poco más libre... y ¡Eso es lo que yo quiero llegar a ser!", se dijo.

Mientras tanto, toda la familia se alegraba de los cambios que veían en Enrique, —no porque él hubiera cambiado para alegrarles, pues cambiaba para poder ser más libre—, sino porque lo querían de verdad y su alegría estaba vinculada a ese sentir tan bonito.

V

¿**E**mprendió alguna otra lucha nuestro amigo Rique? ¡Claro que sí!; ¿acaso no quería ser libre?

Resulta que, cuando una tarde decidió disfrutar de un rato dibujando —su "hobby" favorito—, notó que pudo adelantar mucho más que otras veces el dibujo que estaba haciendo.

Revisando esa noche, se dio cuenta de que pudo hacerlo gracias a que antes había vencido en buena medida la distracción. Por lo visto, ¡esos esfuerzos no sólo le habían servido para atender más en matemática y las demás clases, sino para muchas otras cosas! Estaba disfrutando más de lo que hacía, pues se podía concentrar mejor.

Sin embargo, tenía muchos dibujos a la mitad, y aquel que mostraba el jardín del colegio, —que le quería obsequiar a Soraya, la secretaria, a la que apreciaba—, no lograba terminarlo.

Ahora, al sólo recordar los consejos de su abuelo, logró orientarse por sí mismo en esto: "Voy a observarme —dijo—; para ver qué pasa aquí".

Se sentó con el dibujo del jardín para Soraya; quería terminarlo.

Al rato, su hermano trajo un juego nuevo a casa. Y Rique se levantó y se fue a jugar con Sandro el nuevo juego. Cuando terminaron de jugar, ya había caído la noche; era tarde para seguir con el dibujo… "pero no para revisar el día", pensó Rique.

"Parece tan evidente, pero yo no había descubierto que abandono los dibujos por atender algo que me resulta de repente atractivo".

Ahora estas palabras no sólo se las decía Rique a sí mismo, sino que había comenzado a registrarlas en un cuaderno: su diario, donde iban a aparecer anotados todos sus descubrimientos, sus intentos, sus ensayos, sus luchas y sus resultados, como en las investigaciones que hace un científico. ¡Cuánto disfrutaba él cuando se detenía a hacer esas anotaciones! ¿Sería que Rique se estaba convirtiendo en un investigador de su propia vida? Es posible.

—Abuelo… y le contó lo del dibujo, lo del descubrimiento. Esto que me pasa se parece un poco a la enemiga Distracción que me ayudaste a desenmascarar.

—Esta vez estás descubriendo por fin a la traviesa Inconstancia, que es responsable de tantos proyectos sin culminar en este mundo—, le dijo.

—Y es verdad: tiene relación con Distracción; son como hermanas, pero hay más hermanas que también tendrás que descubrir, que se asocian para impedir que le des continuidad a tus actividades: por ejemplo, Frivolidad, que te hace ser atraído por cualquier cosa menos valiosa que tus propios propósitos y proyectos. Si la sigues observando, verás cuáles son para ti esas cosas atrayentes por las que dejas de terminar tus trabajos. ¡Sigue adelante! ¡Esto se está poniendo bueno!

Así de interesante se volvió la vida de Enrique desde que él quiso saber cómo hacer para ser más libre por dentro. Y tú: ¿todavía crees que la libertad viene de afuera?

Obviamente, Rique ahora es mucho más perseverante, constante, menos distraído, menos temeroso. Estos son bienes bien concretos que le ha brindado a su propia vida.

¿Recuerdas al Rique que nunca encontraba qué decir ni cómo decir las cosas a otros, aunque tenía permiso para usar el teléfono el tiempo que quisiera? Pues, casi sin que se lo propusiera, sus otras luchas fueron ayudándole a superar también esta dificultad, porque poco a poco fué surgiendo en su interior una fundada confianza y una mayor seguridad en sí mismo.

Así, paso a paso, con el apoyo de sus buenos amigos y de su familia —en particular de su querido abuelo, quien le enseñó a descubrirlos y a vencerlos, Rique se ha ido liberando de muchos de los enemigos que están en su mundo interno.

Aquí, donde comienza Rique a tomar contacto con lo que es ser libre por dentro, termina este relato. Sólo quiero añadir que todo lo que Enrique va haciendo para descubrir y conocer lo que hay en su propio mundo interno hace posible que él viva con frecuencia momentos de verdadera felicidad.

—¿No se merece nuestro Enrique una vida feliz?

—¡Claro!

—¡Y tú puedes merecerla también!

¿Mejor que quién?...

I

Ya te presenté a Enrique en otra oportunidad, y hoy vengo a contarte sobre algunos otros momentos de su vida...

—Yo entregué la tarea antes que tú, ja ja; —le dijo Pancho a Enrique al salir del colegio.

"Pero yo antes no la hacía y ahora sí", pensó Rique en silencio.

Más tarde, se encontró con Juancho:

—Te reto a competir conmigo en el parque, con nuestros monopatines, a ver quién es el más rápido; i seguro que soy yo, je je!

Pero a Enrique no le interesaba saber si Juancho era o no más rápido que él con el monopatín.

—¿Por qué? ¿Cómo es posible?

—Después de que leas lo que viene, lo vas a saber.

"

Un día, hace algunos meses, Rique le propuso a Don Danilo:

—Abuelo, te apuesto mi llavero azul a que soy mejor que tú jugando al ajedrez. ¡Juguemos! ¿Sí?

Don Danilo, con una sonrisa afectuosa, le respondió:

—Acepto tu invitación.

Comenzaron. Al cabo de un rato, Enrique murmuraba:

—¡Qué bueno, te comí un alfil!

Y más adelante, Don Danilo decía:

—¡Qué bueno; estoy comenzando a pensar con más tiempo mis estrategias!

Un rato más y Rique...

—¡Enroque!

Y el abuelo...

—¡Esta es una nueva jugada! ¡A Aprender!

Y Enrique...

—Perdiste tu reina, ¡te lo advertí!

Y así, jugada a jugada, estuvieron más de media hora entretenidos, hasta que se oyó a Enrique decir:

—¡Jaque Mate, señor, gané yo!

—Y yo, también gané; dijo su abuelo.

—¡¿Aaah síii?! Exclamó Enrique.

—Pues, ¡claro!

—Sospecho que estás bromeando, abuelo.

—No, Enrique. Lo que pasa es que, mientras tú competías conmigo, yo competía conmigo mismo: Antes, yo era más impulsivo en mis jugadas; antes, no recordaba la secuencia que habíamos seguido; antes, no llegaba a anticipar las estrategias en mi mente, y ahora, poco a poco, veo que estoy pudiendo hacer todas estas cosas. Estoy contento; Juego mejor que antes; juego mejor que yo mismo. Entonces, ¡me gané!

***

Enrique estaba demasiado sorprendido...

—¡Creo que entiendo! ¿Es como compararte, no conmigo, sino contigo mismo, abuelo?

—Y, ¿no te parece que tiene sentido? Yo tomo las conductas mejores de otros como estímulos y busco cultivarme para poder alcanzarlas en mí, pero no me comparo con nadie, ni comparo a nadie conmigo, porque lo que me importa es superar mi propia condición. Esta es una convicción que he adquirido a lo largo de mi vida, sobre este asunto tan llevado y tan traído en el mundo de hoy, en el que muchos desean ser mejores que los demás y quizás demasiado pocos queremos ser mejores que nosotros mismos.

—La verdad es que me suena bien diferente todo eso a lo que estoy acostumbrado a oír, y me da la impresión de que si lo que dices fuera la comprensión de todo el mundo, se evitarían muchos hechos feos y a veces graves entre la gente.

—Entonces, creo que estás comenzando a ser mi compañero de viaje...

—Y yo creo que el llavero es tuyo —le dijo Enrique espontáneamente, dándole un abrazo.

¡Todo a su Tiempo!

I

—**A**buelo, ¿dónde estás? ¡Ven por favor, enseguida, a corregirme la tarea!

Rique estaba buscando a Don Danilo y lo llamaba para mostrarle los ejercicios de Matemática que había terminado.

—¡Estoy en el jardín, Enrique!, se escuchó responder al abuelo.

Allí fue el niño, que encontró a Don Danilo removiendo la tierra a unos girasoles que había sembrado hacía unas semanas.

—Aquí están los ejercicios por fin, abuelo, — dijo, casi sin aliento por la carrera que pegó.

—Sí, Enrique, pero, ¿podríamos verlos más tarde? Ahora, como ves, estoy ocupándome de los girasoles.

—Pero, abuelo...—dijo quejumbroso, —Esos girasoles ni siquiera tienen flores...

—...todavía— completó Don Danilo.

—Enrique; quiero terminar primero lo que decidí atender en este momento hasta completarlo, antes de pasar a otra actividad, para hacer cada una lo mejor posible y avanzar cada vez tanto como pueda. Si me interrumpo, no podré hacer nada de esto, que para mí es importante.

—¡Pero, esos girasoles no acaban de crecer, abuelo! ¡Tantos cuidos, y nada...! ¿será que no les pones suficiente vitamina C?

—¡Ay, Enriquito!, ¿de dónde sacas eso?

—No sé abuelo, se me ocurre; estoy apurado por saber si tengo que hacer o no de nuevo los ejercicios.

—¿Sí? ¡¡No se te nota nada!!..., pero, todo a su tiempo.

Más tarde, Don Danilo terminó por ese día su labor con los girasoles.

II

Y fue el abuelo a corregirle los ejercicios a Rique.

—¡Por fin abuelo! …

—Enrique; le dijo esa noche Don Danilo: Quiero hablarte de algo, a ti que me has dicho más de una vez que quieres llegar a ser libre por dentro.

Hay una enemiga que muchas veces no notamos en nosotros mismos.

—¿Otra más?…

—Uy… sí, querido. Una de las muchísimas que tenemos por conocer y vencer. Se llama Impaciencia y, por ejemplo, siempre nos está presionando para que todo lo que hagamos o hagan los demás searápido.

—¿Como cuando yo deseo que crezcan rápido los girasoles?

—Eso es; ya veo que si por ti fuera les pondrías vitamina C a esas planticas que van creciendo a su propio ritmo, según su proceso natural.

—¿Tan lento, abuelo?

—¿Acaso, Enrique, tú conoces cuánto tiempo toma ese proceso?

—La verdad es que no; y quizás es por eso que me parece lento.

Esa noche, Rique estuvo revisando la conversación con Don Danilo y anotó en el cuaderno donde llevaba cuenta de todo lo que iba aprendiendo sobre su vida:

"Hoy me di cuenta, gracias a mi abuelo, de que muchas veces se me hace largo el tiempo que dura una actividad o algo que sucede, pero veo que es posible que ese tiempo no sea en realidad largo, sino que lo que pasa es que a mí me parece largo porque no conozco el tiempo que toma cada cosa."

III

Pasaron algunas semanas. Rique se topaba con frecuencia con su enemiga... Por ejemplo, cada vez que iba a ver una película o acompañaba a sus padres a un concierto, en lugar de disfrutar de la película o la música, Impaciencia hacía que sólo estuviera pendiente de "¿cuándo va a terminar esto?" No mencionemos las muchas veces que le hacía ser inoportuno... (¿Qué te parece, amigo lector? ¿No es Impaciencia en verdad una gran enemiga?)

Un día, Rique amaneció muy engripado; no paraba de estornudar, de carraspear, y la cabeza no dejaba de dolerle.

—Vamos a ver al doctor—, dijo su padre y un rato después estaban en el consultorio del médico.

—En estos días he recibido muchos pacientes con los mismos síntomas que tú presentas, Enrique.

—Y, ¿en cuánto tiempo estaré bien, doctor? Preguntó Rique, o más bien, sin querer le prestó su voz a Impaciencia, que vive en él.

—Cada caso es diferente, jovencito. Pero para mejorarte y sanarte puedes hacer muchas cosas mientras esperas el tiempo necesario en tu caso.

—¿Como cuáles, doctor? ("Dígamelo rápido", le hizo pensar Impaciencia)

—Pues, toma bastante agua, toma con las comidas las vitaminas que te receté y, si no te sientes demasiado débil, báñate a diario con agua tibia…

Rique imaginó que estaría enfermo durante dos "laargas" semanas, se dijo:

"Pero, ¿qué sé yo cuánto me durará esta gripe?" "Voy a hacer al pie de la letra todo lo que me recomendó el doctor, y todo lo posible para mejorarme".

Así hizo, de modo que durante el tiempo de espera no se dejó estar, sino que en forma activa se ocupó de su salud.

A los pocos días, ¡Oh, sorpresa para Rique!, se levantó completamente aliviado de sus malestares.

"¡Estoy curado!", dijo con entusiasmo.

Y, como había aprendido algo, esa noche escribió en su cuaderno: "Tuve que esperar, pero a la vez pude hacer algo para contribuir a curarme. Y mientras me ocupaba, ¡No me sentí tan impaciente como otras veces! Esto debe querer decir algo, aunque aún no sé muy bien qué es…"

IV

Cuando Don Danilo llegó a visitarlo, pidió en broma: "¡Quiero ver enseguida al engripado de mi nieto! ¡Pero ya mismo!"

Apareció Rique ya curado, y el abuelo se sorprendió:

—¡Muchacho, esperaba encontrarte en cama!— Y Enrique le contó lo sucedido.

—¡Qué bien, ahora sí que comenzaste a ser más paciente de verdad!

–¿Más paciente? ¿Cómo es eso, abuelo? Si yo no me senté a esperar...

—Claro; si te hubieras "sentado a esperar", hoy me estarías saludando con un fuerte estornudo... Es que la paciencia no es esperar pasivamente a que algo se produzca, sino contribuir a ello de todas las formas que encontremos para ayudarnos a alcanzar lo que queremos. En este caso, ¿no fue acaso eso lo que hiciste respecto a tu curación?

—Y, ¿por eso es que tú cuidas tanto a los girasoles mientras esperas que crezcan?

—Claro… para que crezcan a su tiempo.

—Pero ¿tú sabes cuánto tardarán en crecer?

—La verdad es que no, Enrique, pero tampoco me preocupa mucho esto, que es natural porque nunca antes había sembrado girasoles; ya lo sabré. En lo que me empeño, eso sí, es en aprender qué es lo que les hace falta y en asegurarme de que cada día hago algo más que favorezca que esas planticas crezcan sanas. ¿Quién sabe si tardo años en conocer cómo es la vida de ellas?

—¿i…Años!!!??

—Si, Enrique: hay cosas que uno puede tardarse años en conocer.

—Entonces, abuelo, uno necesita mucha paciencia en la vida…

—Así es, muchacho. Por eso, Impaciencia nos limita; nos impide esperar activamente el tiempo que se requiere para que se produzca cada evento, cada proceso, y muchas veces busca obligarte a forzar las cosas, lo que no permite que culminen felizmente.

Y pasó lo que tenía que pasar: Rique quedó entusiasmado con esta nueva lucha que emprendía frente a una enemiga que comenzaba a vislumbrar.

"¡Qué Guerra de las Galaxias ni qué Guerra de las Galaxias!", se dijo. "¡Es en mi vida donde estoy encontrando las luchas que más me interesan!".

Y, ¿donde fueron a parar las ilusiones?

—¡**N**o se vale!—, le dijo Rique a su amigo Alfredo, luego de que él le hizo uno de sus trucos, donde enseñándole estos dos dibujos le demostró que, aunque los círculos parecen ser de medidas diferentes a simple vista, en realidad son iguales.

—Compruébalo por ti mismo, amigo; le respondió Al, dándole los dibujos además de una reglita de plástico.

—¡Y la diferencia parecía tan real! Exclamó Rique al medir los círculos...

—"Parecía"; esa es la palabra que lo dice todo, dijo Al, y luego propuso: "¡Vamos a hacérselo a Don Danilo!".

—(Doble "¡sí!")

"

—¡**A**buelo, abuelo!...

—¿Qué me traen esta vez, muchachos?

—Mira este dibujo y dime: estos dos círculos de papel, ¿miden lo mismo o uno de los dos es másgrande?

—Bueno..., parece que este es más grande...

—¡Caíste, caíste!, ¡tóma esta reglita y mídelos!

—¡Miden lo mismo!

—Sí; y pareciera que no.

—Entonces... (¿?)

—Es una ilusión óptica; ¿otro de los juegos de Alfredo? ¡Me gustan!—, y luego les dijo:

—¿Saben, muchachos? Las ilusiones no sólo afectan la vista.

—¿Cómo, Don Danilo? ¿Cómo puede ser eso?—, preguntó Al.

—Pues, en nuestras propias mentes se presentan a menudo ilusiones, que respecto a un asunto o una persona nos ponen unos "lentes" que no dejan que veamos los aspectos negativos de ese asunto o de esa persona.

—Me suena interesante, abuelo, pero la verdad es que no estoy entendiendo; no logro verlo aún...

—Bueno; ¿recuerdas en las últimas vacaciones, cuando me contaste que esperabas salir de viaje con cuatro de tus compañeros?

—Sí...recuerdo que me sentía bien; imaginaba el viaje, todo lo que íbamos a hacer, y ¡hasta las comidas que íbamos a preparar!

—Pero cuando volviste, ¿qué me contaste?

—¡Nada que ver lo que había imaginado con lo que pasó en realidad! El tiempo... no alcanzó para hacer tantas cosas, y los lugares..., eran distintos a lo que esperábamos; y vimos que no sabíamos cocinar sino poquitos platos...

—¡No me hagas acordarme de eso, abuelo!

—Y, ¿por qué no? ¿Acaso no fue así como sucedieron las cosas?

—Si, Don Danilo— dijo Alfredo; —pero para Enrique fue una fuerte decepción.

—Comprendo; a nadie le gusta decepcionarse, ¡eso sí que es desagradable!, pero escuchen esto que les digo y me dirán si no es a veces necesario pasar por ahí... ¿Acaso no es mejor saber ahora cuanto tiempo les tomó en realidad cada actividad, para la próxima vez poder proponerse actividades que sí puedan hacer en el tiempo disponible?

—Cierto.

—Y sabiendo lo que cada uno puede cocinar hoy, ¿no pueden, acaso, partir de allí y aprender a preparar otros platos desde ese momento hasta el próximo paseo? Si siguen ilusionados en que sabrán cocinar lo que quieran comer, ¿cómo van a ponerse a aprender? ¿Comprenden que sólo viendo que no saben, aunque eso les haya costado una decepción, puedes empezar a prepararse para que la próxima vez todo salgamejor, muchachos?

—Voy viéndolo mucho más claro, abuelo, y voy viendo que entonces, las ilusiones eran todo lo que me parecía que podía ser el viaje sin haberlo hecho todavía; lo imaginé todo como con unos lentes "del viaje perfecto"...

—Yo tambien voy entendiéndolo, dijo Alfredo.

En eso había llegado la tía Inés, que se había puesto a escuchar la conversación del abuelo con los dos muchachos.

—Pero Danilo ¡tan lindo que es tener ilusiones!

Y Don Danilo le dijo:

—¿En verdad te parece lindo que llevemos unos lentes que nos impidan ver la realidad tal cual es, con la consecuencia de que no podamos desenvolvernos en ella?

—Visto así... ¡la verdad es que no! ¿Será por eso que dice el refrán que "El que vive de ilusiones muere de desengaños"?

—¡Yo he escuchado ese refrán!—, dijo Alfredo.

—¿Habrá gente que sin darse cuenta lleva en su mente esos "lentes" de la ilusión, Don Danilo?

—Claro. Y, ¿qué piensas que puede pasarles, Alfredo?

—Supongo que nunca esperan encontrarse con lo difícil que tienen muchas situaciones, ¿verdad?

—Es así como dices. Pero como esos aspectos negativos de la realidad están allí a pesar de que los "lentes" de la ilusión no permitan verlos...tarde o temprano llega para esas personas un momento en que se decepcionan, completó la tía Inés.

III

En los días que siguieron a esa conversación, Rique reunió a los amigos con quienes había compartido el paseo aquella vez y les contó lo de la ilusión, lo de los "lentes" que no le permiten a uno ver la realidad.

—Por eso fue que nos sentimos tan decepcionados al regreso, les dijo, y les propuso:

—¿Qué tal si, sabiendo esto anotamos lo que en verdad hicimos la última vez y cuánto tiempo nos tomó?

—Y también qué supimos cocinar, para ir aprendiendo otros platos—, dijo Teresita.

Ahora, en lugar de la decepción, comenzó a aparecer el entusiasmo en aquellos muchachitos.

IV

Revisando más tarde lo que entendía del asunto, Rique tuvo otra pregunta para Don Danilo:

—Abuelo, ¿y si una persona aún no se ha decepcionado porque, por ejemplo, no ha hecho aún el paseo, cómo hace para no ilusionarse?

—Es una buena pregunta, Enrique.

Luego de un rato que Don Danilo se tomó para pensar en cómo le daría la respuesta a su nieto, encontró una forma inusual de hacerlo.

Al día siguiente, salió al patio con un libro en la mano, y se encontró a su nieto desayunando...

—¿Sabes, Enrique? La abuela va ya bien avanzada en la novela que está leyendo...

—¡Pero abuelo!, ¡si la empezó apenas ayer y -además de ella misma saberlo-, todos sabemos lo lento que ella lee!

—¿Lo ves, Enrique? Te diré una cosa. La abuela nunca se ilusionaría creyendo que va a terminar un libro en un corto tiempo. Te pregunto yo a ti, ¿Por qué?

Luego de detenerse un rato, Rique le dijo:

—Pues,por eso: porque es lenta para leer...

—...y porque eso lo conoce de ella misma, Enrique, que es lo más importante. Fíjate que mi primo Manuel, que lee tan lento como la abuela, me pidió un libro grueso el martes y me prometió que me lo devolvería el jueves de la misma semana...

—El sí que se ilusionó, abuelo.

—Sí, Enrique. Y ¿Sabes por qué?

—Quizás porque él no se ha dado cuenta de que lee lento...

—¿Ves la diferencia?, ¿Dónde está?

—En que la abuela sabe de sí misma que es lenta para leer y tu primo Manuel no.

—...y entonces él sí se ilusiona y la abuela no, ¿entiendes, Enrique?

No le fue tan sencillo a nuestro amigo entender esto, pero, luego de algunos días le dijo a Don Danilo:

—Abuelo; lo voy entendiendo; uno se ilusiona si no sabe cómo es uno ni cómo son los demás. Si yo no supiera que la abuela y tu primo son lentos para leer, me ilusionaría y creería que es verdad que en pocos días terminarían el libro que cada uno estaba leyendo, y hasta esperaría, por la misma ilusión, que Manuel te devolvería el tuyo el jueves...

—Has aprendido algo bien importante entonces, muchacho.

—Y esto que estoy aprendiendo gracias a ti, querido abuelo, pienso que me va a evitar muchas decepciones en el futuro, si comienzo a conocer más cosas de mí mismo y de los demás para no ilusionarme. —Por cierto, ¿me ayudas a traducir este texto en alemán?

—Pero, ¡Si yo no sé alemán!, respondió sorprendido Don Danilo...

—Ya lo sé, y por eso no me ilusiono, le dijo con un guiño cariñoso su nieto.

El Imprescindible

/

Don Danilo iba saliendo de la casa...

—Abuelo, me gustaría acompañarte en tus diligencias, ¿puedo ir?— le preguntó Rique.

—¡Claro, Enrique!

—Iban caminando y Rique le propuso a su abuelo:

—¿Podemos hacer aquel juego de la pregunta y la observación?

—Me parece buena idea. Entonces te invito a observar a tu alrededor y a decirme: ¿cuáles de las cosas que vamos encontrando a nuestro paso son el resultado de un esfuerzo?

Rique se puso a observar lo que se iban encontrando y al rato, amigo lector... lamentamos que no pudieras ver a través de estas líneas la expresión del muchacho: era de gran asombro.

Se iba diciendo en voz bajita: —los carros, el toldo amarillo de aquella tienda, la caja registradora, los postes, la chicha que vende aquel señor... ... ...

—¡Pero, abuelo... hasta el suelo que vamos pisando necesitó esfuerzo para quedar hecho!

—Justo a la cuadra siguiente había unos obreros armando una acera que iba a ser la entrada de un estacionamiento.

—Fíjate, Enrique. ¿De qué están hechas las aceras?

—De cemento.

—¿Piensas que es casualidad que sean de ese material?

—No, porque la verdad es que es bien resistente, y permite este acabado que no es resbaladizo para quienes caminamos sobre él.

—¿Sabías Enrique, que ese material no está en la Naturaleza?

—Entonces... ¿hubo que inventarlo?

—Claro. Lo único que no hubo que inventar es, precisamente lo que está en la Naturaleza. ¿lo ves?

—Sí...

—Y, como lo hemos visto ya otras veces, ¿cuál es el lugar donde aparece por primera vez un invento?

—¡En la mente humana!. Y, abuelo: ¿no es entonces la mente humana la que hizo los primeros esfuerzos por crear el cemento, viendo que se requería de un material con ciertas propiedades para construir, por ejemplo las aceras por donde caminaríamos y otras edificaciones?

—Muchacho; eso se llama hacer una buena reflexión!

—¡Es que este juego me hace descubrir tantas cosas, abuelo!

—¿Será por casualidad?...

"

—¿Tú crees que cuando Rique y su abuelo llegaron a la casa su diálogo se terminó? ¡No!; aún estuvieron por largo rato buscando más cosas que fueran resultado de esfuerzos.

Días después, Enrique se acercó a Don Danilo y le dijo:

—¿Sabes, abuelo? He estado reflexionando en todo lo que hablamos desde que hicimos el "juego" el otro día...

—Ajá...

—¿Te acuerdas de cuando yo no iba a las invitaciones por temor a que se burlaran de mí? ¿Te acuerdas de lo que me pasaba en las clases del colegio, que siempre andaba en las nebulosas porque mi atención no me obedecía? ¿Te acuerdas de cómo me comparaba con mis compañeros en vez de compararme conmigo mismo? ¿Y de tantas otras cosas que ya no me pasan?

—Claro que me acuerdo, querido muchacho, pues he seguido lo que has hecho bien de cerca.

—Con este tema del esfuerzo, he pensado que para dejar de ser temeroso y de imaginarme cosas negativas, y para darme cuenta de cuándo mi atención se iba de lo que estaba haciendo y volverlaa traer una y otra vez, y para notar que me estaba comparando con mis compañeros muchas veces hasta que yo mismo me sentí desagradado por eso y procuré no hacerlo más nunca, y para cambiar tantas cosas más... lo que estuvo presente en todas esas situaciones, ¿sabes qué fué?

—Dímelo tú, nieto y amigo.

—Pues, fue el esfuerzo, al que desde ahora llamaré "el imprescindible".

—¡Me gusta el nombre que le escogiste, Enrique; le cuadra perfectamente!

///

—¿ **V**erdad, abuelo, que las cosas imprescindibles, como el aire para nosotros los seres vivos, no pueden estar por un ratico y luego no, porque así no seguiría la vida?

—Es verdad.

—Te digo eso porque me he fijado que si hacemos un esfuerzo para alcanzar algo y lo sostenemos sólo por un ratico, eso no es suficiente: si yo hubiera hecho sólo una vez el esfuerzo por volver a traer mi atención hacia lo que estaba haciendo, lo más probable es que me hubiera quedado por mucho más tiempo en las nebulosas. Igual, si apenas yo entiendo las operaciones de matemática que estamos viendo en el colegio las practico sólo una vez, ¿de qué me va a servir?

—¡Si la gente supiera todo esto... pero, mucha gente suele mirar tan mal al esfuerzo, abuelo!... como si hacer algo que necesite de esfuerzo fuera una especie de castigo... Si vieran lo que tú me has mostrado... lo que tú me has hecho hacer para conocer de verdad cómo sin esfuerzos no cambia nada..., ni siquiera uno mismo; y lo contento que se siente uno cuando alcanza por fin a través de sus propios esfuerzos algo que había querido...

—Sí, Enrique. Así es. Y para ver las cosas de una manera que no es la de costumbre, me parece que sería imprescindible que esas personas hicieran...

—¡Un buen esfuerzo! (dijeron los dos a dúo).

Si tú quieres reflexionar un rato en lo que Don Danilo y su nieto Enrique te han presentado en este cuento, tal vez te gustará intentar darle respuesta a lo que te plantearemos a continuación.

Reflexiones sobre el cuento "El Imprescindible"

CAPÍTULO 1

· ¿Puedes decirnos si ves a tu alrededor algunas cosas que hayan sido hechas con esfuerzo? ¿Cuáles?

· ¿Esas cosas: se han hecho solas o alguien las ha hecho?

· Lo que dijo Rique de que cada invento, antes de ser realidad ha estado en la mente de un hombre, ¿significa algo para tí? ¿Qué significa?

CAPÍTULO 2

· ¿Has hecho tú mismo algún esfuerzo por alcanzar algo que quisieras? ¡Recuérdalo!

· ¿Cómo te has sentido cuando has alcanzado con tu esfuerzo eso que habías querido? (Si respondiste sí a la pregunta anterior).

·   ¿Hay cosas que te son imprescindibles?, ¿Puedes nombrar algunas en concreto, y decirnos por qué te son imprescindibles?

CAPÍTULO 3

·   ¿Alguna vez has intentado hacer reverdecer una planta y para eso la has regado una sóla vez?
¿Qué ha pasado?

·   ¿Alguna vez has visto en algún aspecto de tu vida cómo necesitas repetir un esfuerzo en particular, para alcanzar algo? ¡Cuéntalo aquí!

·   ¿Es verdad que mucha gente suele mirar mal al esfuerzo? ¿Por qué?

Índice

PUBLICADO EN USA
JULIO, 2022

www.ingramcontent.com/pod-product-compliance
Lightning Source LLC
Chambersburg PA
CBHW080850160726
47999CB00009B/3060